¿QUIÉN PREPARÓ MI ALMUERZO?

DE LA PAPA A LA PAPA FRITA

POR MARI SCHUH · ILUSTRADO POR JEANINE MURCH

AMICUS ILLUSTRATED es una publicación de
Amicus Learning, un sello de Amicus
P.O. Box 227, Mankato, MN 56002
www.amicuspublishing.us

LIBRARY OF CONGRESS CATALOGING-IN-PUBLICATION DATA
Names: Schuh, Mari C., 1975- author. | Murch, Jeanine Henderson, illustrator.
Title: De la papa a la papa frita / por Mari Schuh ; ilustrado por Jeanine Murch.
Other titles: From potato to chip. Spanish
Description: Mankato, MN : Amicus Illustrated, [2025] | Series: ¿Quién preparó mi almuerzo? | Translation of: From potato to chip. | Audience: Ages 6-9 | Audience: Grades 2-3 | Summary: "A child wonders where potato chips come from and learns about the jobs of a potato farmer and food factory workers as they describe the steps in making potato chips. This illustrated narrative nonfiction book includes a world map of where potatoes are grown and a glossary, making it a great story to support farm-to-table education. Translated into North American Spanish"—Provided by publisher.
Identifiers: LCCN 2024020215 (print) | LCCN 2024020216 (ebook) | ISBN 9798892003698 (library binding) | ISBN 9798892003735 (paperback) | ISBN 9798892003773 (ebook)
Subjects: LCSH: Potato chips—Juvenile literature. | Potato industry—Juvenile literature. | Potato growers—Juvenile literature.
Classification: LCC TX803.P8 S3818 2025 (print) | LCC TX803.P8 (ebook) | DDC 664/.80521–dc23/eng/20240716

EDITORA: Rebecca Glaser
DISEÑADORA DE LA SERIE: Kathleen Petelinsek
DISEÑADORA DEL LIBRO: Kim Pfeffer

Impreso en China

PARA ELLA Y MAX—M.S.

ACERCA DE LA AUTORA
El amor de Mari Schuh por la lectura comenzó con las cajas de cereales en la mesa de la cocina. Hoy es autora de cientos de libros de no ficción para lectores principiantes. Vive en el Medio Oeste con su marido y su descarado conejo doméstico. Mari suele cenar papas asadas con mantequilla.

ACERCA DE LA ILUSTRADORA
Jeanine Murch es una ilustradora enamorada del arte, los libros y los cuentos. Vive en Pittsburgh, Pensilvania, con su marido, sus dos hijos y el cachorro más mimoso del mundo, que inspiran su trabajo. Cuando no está haciendo arte, suele soñar despierta con su próxima aventura.

¡Crunch! Las papas fritas son el aperitivo crujiente perfecto para el almuerzo. Pero, ¿y si tuvieras que hacer las papas fritas tú mismo? ¿Y si también tuvieras que cultivar las papas?

Como agricultor de papas, querrás una zona con días cálidos y noches frescas. Así que haz las maletas y múdate a Idaho. Idaho tiene un suelo rico. Por eso es el mejor estado para cultivar las papas.

En la primavera, plantarás trozos de papas de siembra. Estas pequeñas papas crecerán hasta convertirse en papas completas bajo tierra.

Utiliza una máquina para hacer montículos de tierra alrededor de cada papa de siembra. Los montículos evitan que la luz del sol llegue a las papas y las ponga verdes. No quieres papas verdes.

En dos a seis semanas, verás crecer las plantas. Pronto, las papas crecen bajo tierra. De cada planta pueden crecer de seis a ocho papas. Añade fertilizante a la tierra para ayudarlas a crecer.

Las papas necesitan un suelo húmedo, pero no empapado. La lluvia le ayudará. Pero también tendrás que regar las papas de siembra ligeramente y con frecuencia. Lo mejor es un sistema de aspersión.

Cuando llega el otoño, es tiempo de cosecha en Idaho. Tira de una máquina llamada hileradora detrás de tu tractor para desenterrar suavemente tus papas. La máquina separa las hojas, la tierra, las piedras y las papas. Coloca las papas en filas sobre el suelo.

A continuación, tira de una cosechadora detrás de tu tractor. El sistema GPS de tu tractor le indica exactamente por dónde tiene que circular. La cosechadora recoge todas las papas del suelo. Las mete en camiones. Pronto los camiones están llenos.

Rápido, entrega unas papas a la fábrica de papas fritas que las pidió. ¡Los trabajadores están listos!

Guarda el resto de las papas en edificios de almacenamiento. Asegúrate de que el edificio tenga la temperatura, la humedad y la circulación de aire adecuadas. Las papas deben almacenarse en lugares frescos y oscuros para que se mantengan frescas.

En la fábrica, las papas viajan por cintas transportadoras. Primero, los trabajadores se deshacen de las piedras. A continuación, las papas se echan en agua para eliminar las piedras más pequeñas. A continuación, unas máquinas con cepillos limpian las papas. Se acabó la suciedad.

Una máquina pela la piel de las papas. A continuación, una cortadora corta rápidamente las papas en rodajas finas.

¡Plop! Las rodajas se echan en grandes freidoras llenas de aceite. Cuando terminan de freírse, un salero añade sal y condimentos a las papas fritas.

Las papas fritas se enfrían y se inspeccionan con máquinas.
Algunos trabajadores prueban algunas papas fritas. ¡Qué ricas!
Las papas pasan la prueba de sabor.

Las fábricas son lugares muy activos. Algunas producen miles de libras de papas fritas a la hora.

A continuación, las papas fritas se envasan en bolsas. Ahora pueden enviarse a almacenes y tiendas.

Gracias a los agricultores de papas y a los trabajadores de la fábrica de papas fritas, tienes una bolsa de crujientes papas fritas para picar. ¡Come! ¡Masca! ¡Qué ricas!

¿DÓNDE SE CULTIVAN MÁS LAS PAPAS?

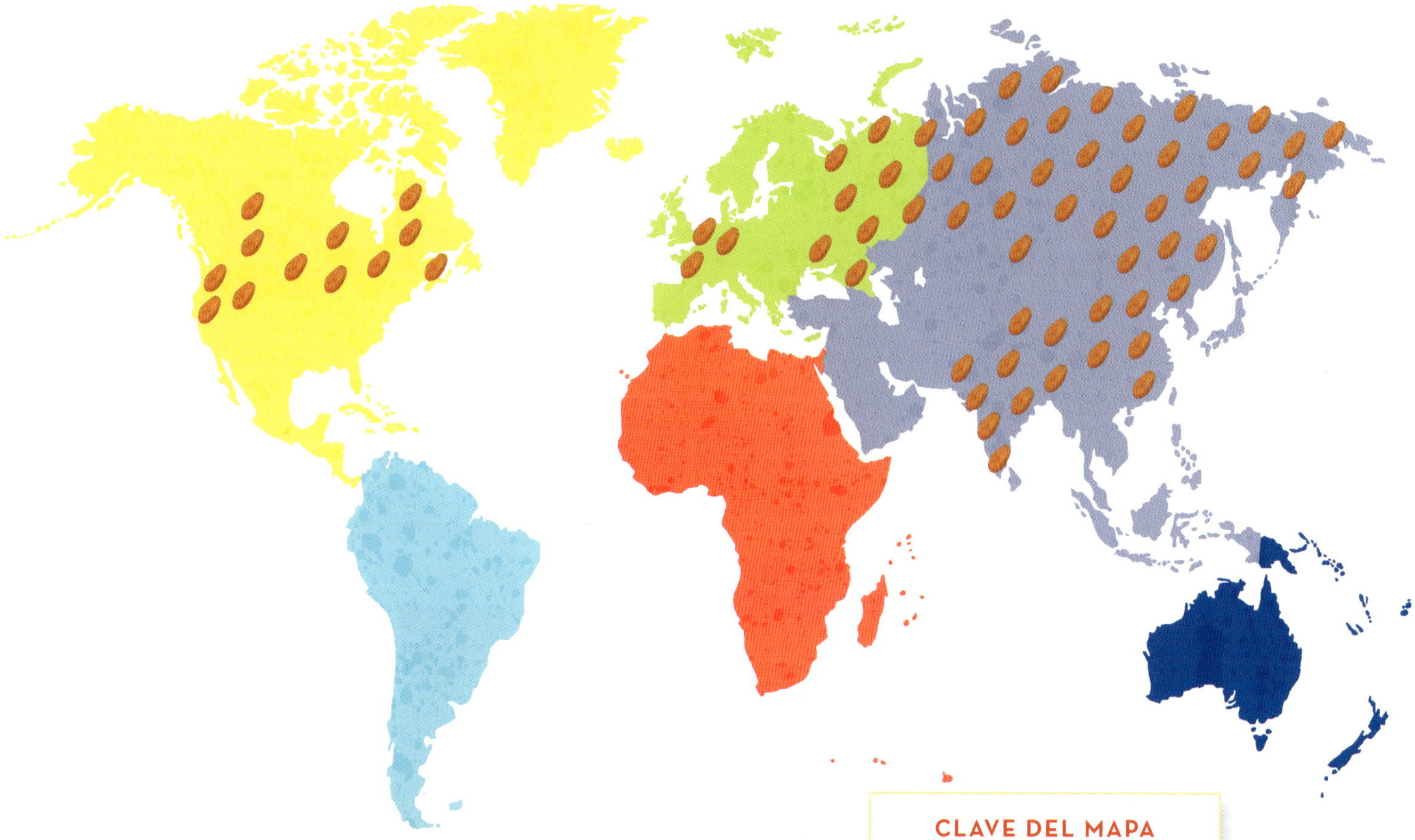

CLAVE DEL MAPA

Zonas principales de cultivo de papas

GLOSARIO

cosechadora Máquina que recoge papas y las coloca en un camión.

fertilizante Sustancia que enriquece el suelo y ayuda a los cultivos a crecer mejor.

GPS Sistema que encuentra rápidamente la ubicación exacta de un objeto. GPS significa sistema de posicionamiento global.

hileradora Máquina que desentierra papas y las coloca en filas.

humedad Medida del vapor de agua que hay en el aire.

inspeccionar Observar algo de cerca y con cuidado.